LE PRIX

DES

"BONNES OCCASIONS"

PAR

Mme la Bonne Georges BRINCARD

IMPRIMERIES RÉUNIES DU CENTRE

EMMANUEL RIVIÈRE, Ingénieur des Arts et Manufactures

Blois, 2, rue Haute

1905

LE PRIX

DES

" BONNES OCCASIONS "

PAR

Mme la B^onne Georges BRINCARD

IMPRIMERIES RÉUNIES DU CENTRE

EMMANUEL RIVIÈRE, Ingénieur des Arts et Manufactures

Blois, 2, rue Haute.

—

1905

LE PRIX DES "BONNES OCCASIONS" [1]

A notre époque, toute Parisienne, quel que soit son budget, est élégante. Dans la rue, sa silhouette reste coquette en dépit des gros paquets dont elle est parfois encombrée. Un petit rien : coquillé de dentelle, nœud de ruban ou touffe de fleurs, égaye son corsage ; elle a presque toujours une plume à son chapeau, et le retroussis de sa jupe montre une bottine qui moule bien le pied. Ne nous parlait-on pas d'un domestique qui exigeait, pour se marier, une femme « ayant des dessous soignés » ; et s'il faut en juger par la quantité de jupons de soie à falbalas de dentelle que vendent chaque année le Bon Marché, la Samaritaine, les Galeries Lafayette, tant d'autres magasins de tous les quartiers, ce domestique n'a dû avoir que l'embarras du choix !

Quelques personnes s'effrayent de voir de tels besoins de luxe envahir toutes les classes de la société ; mais la plupart, au contraire, applaudissent à ce qu'elles prennent pour le développement du bien-être dû à la plus grande activité de tous. « Les femmes sont si habiles, dit-on avec admiration, et quand elles savent s'y prendre, elles peuvent avoir tant de choses pour presque rien ! »

Nous ne voudrions pas médire de l'habileté des femmes, surtout de celles qui, faisant œuvre de leurs dix doigts, savent, par leur adresse à manier l'aiguille, mettre une touche d'élégance originale dans leur intérieur aussi bien que sur leur personne ; celles-là ne méritent assurément que des éloges.

---

[1] Cet article de la Vice-Présidente de la L. S. A. a paru dans le *Correspondant* du 25 juin 1905.

Mais il y a des femmes qui exercent une habileté tout autre, et cette fois malfaisante, puisqu'elle consiste non pas à travailler elles-mêmes, mais à s'approprier à vil prix le travail d'autrui. Ces femmes reçoivent les catalogues de tous les grands magasins, les comparent entre eux et vont avant tout au meilleur marché. Elles attendent, pour acheter tel article, que ce soit l'époque de la grande mise en vente de l'exposition concernant cet article (fin janvier pour le blanc, février pour la dentelle, octobre pour l'ameublement) ; elles guettent les soldes et occasions, les prix réduits après inventaire, les liquidations d'objets défraîchis et dépareillés ; enfin elles se persuadent volontiers que, grâce à la concurrence et aux exigences de la réclame, les magasins leur vendent à perte pour le seul bénéfice de s'assurer leur clientèle : sauf des cas infiniment rares, équivalents du billet qui gagne à la loterie, elles sont dupes de cette fascination d'une habile mise en scène qui sait leur présenter chaque marchandise sous couleur d' « une bonne occasion ». Ce n'est souvent pour elles qu'une occasion d'acheter un objet dont elles n'ont pas besoin, qui les a séduites par sa coquette apparence et qui ne fera d'ailleurs aucun usage !

Tout en reconnaissant qu'une bonne organisation et un écoulement rapide des marchandises permettent de vendre à très bon compte, une certaine marge subsistera toujours entre le prix de revient et le prix de vente. Cette marge représente les frais généraux et le bénéfice industriel. Par conséquent, si l'on constate d'année en année un abaissement de prix, comme cela se produit pour toutes les marchandises fabriquées par l'industrie de la couture, on doit en conclure ou que les matériaux employés sont d'une qualité toujours pire ou que les salaires payés aux ouvrières de la couture vont sans cesse en diminuant. Ainsi, Mesdames, quand vous vous vantez d'avoir acheté cette année une délicieuse chemisette de soie garnie de jours à la main pour 19 fr. 95, tandis que l'analogue vous avait coûté l'an dernier 24 fr. 75, il faut bien vous dire que la soie de votre chemisette ne vaut rien et craquera dès que vous étendrez le bras, ou que la femme qui a brodé « vos jours », a gagné trop peu pour apaiser sa faim et ne pas être jetée à la rue, quand viendra le jour du terme.

Lorsqu'il s'agit, par exemple, d'un vêtement acheté tout fait dans une maison consciencieuse, le corsage qui coûte 50 francs sera d'un bien meilleur tissu, mieux cousu et d'une façon plus soignée que le corsage de 25 francs. Le premier a donc toutes les chances de durer deux fois et même souvent trois fois plus que le second ; c'est l'intérêt véritable de la cliente de le choisir, et c'est en même temps l'intérêt de l'ouvrière de le coudre, car sa main-d'œuvre est payée, non seulement en proportion de la minutie de l'ouvrage, mais aussi de la beauté du tissu sur lequel elle dépense sa peine. Ainsi la façon des taies d'oreillers se paie tantôt 1 fr. 40 et tantôt 2 fr. 40 la douzaine. Le point dont se cousent les taies à 2 fr. 40 est peut-être un peu plus fin que les autres, mais cela n'entraîne pas une augmentation de travail proportionnée à l'augmentation du salaire, et l'ouvrière a tout intérêt à faire les taies de 2 fr. 40 plutôt que celles de 1 fr. 40. Si l'entrepreneuse lui consent ce prix plus rémunérateur, c'est que la qualité meilleure du tissu permet de classer les taies dont nous parlons, dans une catégorie supérieure, vendue beaucoup plus cher. Il en est de même pour les corsages à 25 et à 50 francs. La différence de prix de l'un à l'autre représente non seulement une meilleure qualité de la matière première, mais aussi un salaire plus rémunérateur donné à l'ouvrière, et la cliente qui achète un corsage de 50 francs paie la main-d'œuvre plus largement que celle qui achète deux corsages à 25 francs.

Les femmes sont généralement compatissantes. Toute souffrance les émeut ; elles donnent largement de leur argent et même de leur temps dès qu'on leur signale une infortune à soulager. Ce ne peut donc pas être volontairement qu'elles exploitent la misère d'autres femmes qui ont comme elles des enfants qu'elles aiment et qu'elles voudraient pouvoir élever. Seulement les femmes riches ne savent pas, elles ne réfléchissent pas, elles ne voient pas. Si on les aide à bien voir les conditions dans lesquelles travaillent pour elles les ouvrières de la couture, nous sommes persuadés qu'elles sauront ensuite conclure et agir d'après leurs conclusions.

* *

Pénétrons dans un intérieur d'ouvriers. Le mari gagne 6 francs par jour, tout juste 150 francs par mois, puisqu'il n'y a qu 25 jours de travail dans un mois. Cela suffit pour vivre à deux et même à trois. La femme peut consacrer tout son temps au ménage : elle cuisine, lave, raccommode, soigne son enfant ; elle est heureuse. Qu'un deuxième bébé survienne, elle s'en tirera encore ; mais au troisième, tout l'équilibre du petit budget se trouve renversé. Malgré des prodiges d'économie, les dettes arrivent. Il faut absolument ajouter d'autres ressources au salaire du mari devenu insuffisant.

La femme n'a pas toujours l'habileté professionnelle nécessaire pour être admise dans un atelier de couture. D'ailleurs, elle ne veut pas quitter ses petits : et qui osera prétendre qu'elle n'a pas raison ? Le dernier est trop jeune pour aller à l'asile, elle tient à le conserver sous sa surveillance, tout en travaillant. C'est alors à l'entrepreneuse qu'elle s'adresse pour obtenir de l'ouvrage à domicile, ouvrage à la machine bien entendu ; car seule la lingerie très fine se fait à la main et les ouvroirs de province y pourvoient pour la plus grande partie. Ainsi, avant de toucher un gain quelconque, l'ouvrière est obligée, pour l'achat de sa machine, de faire une mise de fonds de 80 ou 100 francs, ou même bien davantage, si c'est une machine à pied. 100 francs d'avance ne peuvent pas s'amasser dans une famille où il y a les exigences du loyer et du pain quotidien ; aussi la machine est-elle toujours achetée par abonnement, c'est-à-dire par mensualités d'une dizaine de francs chacune, exigibles à travers toutes les crises de

chômage et de maladie, sous peine, si un seul versement fai-
sait défaut, de retrait de la machine, et sans compensation
pour tous les versements antérieurs. Mais l'ouvrière est cou-
rageuse et confiante, elle ne veut prévoir ni la maladie ni le
chômage, elle a bon courage au travail et croit que cela suffit
pour se tirer d'affaire. En se privant un peu pendant quelques semaines, elle arrive à épargner les 10 francs du premier à-compte, elle reçoit en échange sa machine et revient
toute fière d'avoir en main l'instrument de sa fortune !

L'entrepreneuse lui donne pour débuter un lot de peignoirs
de bain à 0 fr. 30 de façon chacun. Tout d'abord, elle tâtonne ;
son fil casse plus souvent qu'il ne faudrait, elle ne connaît
pas bien le fonctionnement de sa machine, et elle n'arrive
pas à terminer plus de trois pièces avant le soir. Mais les
jours suivants elle s'entraîne : elle se lève un peu plus tôt,
elle se couche un peu plus tard ; elle prépare hâtivement les
repas, les avale plus hâtivement encore, et enfin elle parvient
à faire six peignoirs en un jour, ce qui représente 1 fr. 80 de
salaire.

Les peignoirs s'épuisent ; on les remplace par des taies
d'oreiller payées 1 fr. 40 à 2 fr. 40 la douzaine suivant la
finesse, sans qu'elle puisse en faire plus de six à huit par
jour. Qu'elle n'essaye pas de protester contre ces salaires
dérisoires ! L'entrepreneuse lui répondra que les peignoirs
étaient une aubaine exceptionnelle (car elle a débuté sans
s'en douter par ce qu'il y avait de plus avantageux) et qu'il
faut accepter un ouvrage ingrat lorsqu'il se présente, si elle
désire bénéficier à l'occasion des articles plus rémunéra-
teurs. D'ailleurs, certains articles sont moins payés que les
taies d'oreillers, tels par exemple les raccommodages du matériel des chemins de fer, que l'ouvrière acceptera pourtant
encore si elle ne veut pas être remerciée par l'entrepreneuse
à laquelle les demandes d'ouvrage « à n'importe quel prix »
ne font, hélas ! pas défaut.

Lorsque arrive la fameuse exposition de blanc, l'ouvrière

sait à quel prix s'obtiennent ces merveilleux draps à 6 fr. 90 « avec jours entièrement faits à la main » autour desquels le catalogue fait grand bruit, les imposant à l'attention par un encadrement spécial. On les lui a payés 0 fr. 35 pièce et elle s'est surmenée pour arriver à en terminer trois dans sa journée. Quant à la cliente qui s'est laissée séduire par le drap-réclame, en le voyant revenir du blanchissage presque réduit en bouillie par la disparition de l'apprêt qui masquait sa mauvaise qualité, elle regrettera peut-être le drap de jadis en bonne grosse toile que terminait un simple ourlet !

L'ouvrière, dégoûtée de la lingerie, cherche-t-elle un autre travail ? Elle n'y sera pas mieux rémunérée.

La façon d'une douzaine de corsages de pilou, de ceux que les ménagères mettent le matin pour faire leur marché, se paie 1 fr. 60 la douzaine dans certaines maisons, 1 fr. 30 et même au-dessous dans d'autres. L'ouvrière doit fournir les agrafes (environ 0 fr. 10) et le fil (environ 0 fr. 20). Encore ne lui confiera-t-on probablement ce travail que si elle a un mannequin sans lequel il est difficile de bien monter les cols. Il paraît impossible de faire plus d'une douzaine de ces corsages par jour.

Certains jupons, avec grand volant dans le bas monté à petits plis et terminé par deux petits volants gansés, se paient 0 fr. 75 à 0 fr. 80 pièce.

De quelque côté qu'elle se tourne, notre ouvrière, pour un travail fiévreux de douze à quatorze heures par jour, ne trouvera pas à gagner beaucoup plus de 40 francs par mois, dont il faut retrancher, pendant un an ou dix-huit mois, 10 francs par mois pour l'achat de sa machine.

Si l'on tient compte encore de la bougie ou de l'huile consumée dans les longues veillées, il lui restera un bien maigre bénéfice, en échange de sa santé ruinée en quelques années, de son intérieur négligé et de ses enfants poussés à l'abandon.

Si, du travail à domicile, nous passons au travail en atelier, la situation s'améliore. Elle n'est cependant pas encore brillante. Que de misères de tout ordre guettent la jeune fille qui veut gagner sa vie dans ces grands ateliers dont la direction est abandonnée par les patrons à des « premières » uniquement préoccupées de leur bénéfice personnel !

Nous n'insisterons pas sur ce sujet qui a déjà été traité en détail par de plus autorisés que nous. Rappelons cependant les dangers physiques et moraux auxquels sont exposées les petites apprenties qui trottent toute la journée pour des courses de livraisons ou de réassortiments, déjeunent d'un morceau de pain avec quelques sous de charcuterie sous une porte cochère, et arrivent exténuées au bout de l'apprentissage, sans avoir appris leur métier. Cette mauvaise formation professionnelle les expose par la suite aux longues crises de morte-saison, alternant avec les périodes de surmenage pendant lesquelles on veille sans dîner jusqu'à onze heures ou minuit. Si leur santé résiste (et combien, hélas ! tombent chaque année victimes de la tuberculose), si, de plus, la nature ne les a pas douées d'un physique par trop ingrat, il ne faudra pas s'étonner de les voir chercher ailleurs que dans la couture des moyens d'existence mieux assurés.

« Tout cela est fort triste, disent les femmes du monde ; mais à quoi bon nous entretenir de vicissitudes auxquelles nous ne pouvons rien ! Allez plutôt faire campagne auprès des entrepreneuses et des patrons dénaturés. »

Prenez garde ! Vous allez peut-être un peu vite en besogne, comme on est toujours tenté de le faire quand il s'agit de condamner son voisin en s'innocentant soi-même. Les fournisseurs doivent plaire à leur clientèle sous peine de ne plus exister. Ils sont donc par nature des êtres passifs, condamnés exclusivement à refléter les goûts et les exigences de leur clientèle. Pourquoi les cuisiniers français expatriés au loin perdent-ils le tact d'assaisonner les sauces ? Pourquoi les couturières établies à l'étranger ne savent-elles plus, au bout de quelques années, chiffonner les mousselines de leurs garnitures ? Pourquoi, si ce n'est parce que la clientèle a perverti le goût des uns et des autres. Ramenez cuisiniers et couturières en France, dans l'atmosphère de raffinement, de nuances délicates et de grâce harmonieuse qui les a formés, et ils retrouveront bientôt tous leurs talents.

De même, si les patrons paient mal, s'ils font veiller et travailler le dimanche, ce n'est pas pour le plaisir d'exaspérer leurs ouvrières, c'est parce que les acheteuses les y contraignent.

Quelles sont donc ces exigences de la clientèle qui obligent le monde de la couture à faire de si dures conditions aux travailleuses ? Elles se résument toutes en deux ordres d'idées : les femmes ne veulent pas se donner la peine de réfléchir, et elles tiennent à paraître plus qu'elles ne sont.

Elles ne veulent pas réfléchir, c'est-à-dire prévoir, organiser quoi que ce soit à l'avance. Elles attendent de grelotter pour se souvenir que l'hiver succède à l'automne, ou, au contraire, d'étouffer pour s'aviser que l'été est revenu, si bien qu'un seul jour de neige ou de soleil amène des milliers de commandes qui auraient très bien pu se répartir sur un mois. Il est aussi certaines solennités mondaines, telles que concours hippique, courses, vernissage des salons, qu'il serait facile de prévoir en temps voulu, mais une femme élégante s'apercevra rarement avant le jeudi qu'il lui faut une robe neuve pour le grand prix du dimanche. Ce sont cependant ces petites négligences répétées à l'infini qui forcent les ouvrières à travailler plus de douze heures par jour pendant une partie de l'année et à chômer ensuite pendant de longs mois.

Quant au désir de paraître, de jeter de la poudre aux yeux et surtout de n'être éclipsée par personne, c'est la maladie du jour, une des nombreuses formes de notre fièvre d'égalité. Jamais Mme Une Telle, qui n'a que 20 ou 30,000 fr. de rente, n'admettra que son amie, dont le budget est dix fois plus considérable que le sien, la dépasse pour le nombre, la variété des toilettes, l'élégance de la coupe, la nouveauté de la mode. Et c'est ainsi que l'on commande sans compter des robes dont on fera ensuite attendre la note pendant des années, pour la bonne raison que l'on n'a pas l'argent du paiement. C'est ainsi que l'on est amené à cette recherche effrénée de la « bonne occasion », de l'article qui « fait beaucoup d'effet pour le prix » : porte ouverte à toutes les fraudes et à toutes les falsifications, la fausse dentelle se donnant des airs de vraie, l'étoffe de coton jouant la soie, la peluche voulant se faire passer pour loutre.....

Mais que les femmes seraient donc étonnées et déçues si elles savaient tous les trucs ingénieux par lesquels les fournisseurs exploitent cette manie qu'elles ont de vouloir payer les choses au-dessous de leur valeur ! Si elles se doutaient, par exemple, que tel tailleur, dont les annonces répandues à profusion leur promettent un costume exceptionnellement avantageux, a donné comme mot d'ordre à ses vendeuses de ne jamais laisser le choix d'une dame s'arrêter sur le fameux costume, simple appât pour amorcer la clientèle. Quand la vendeuse, ainsi chapitrée, a cependant la maladresse d'accepter une commande au prix annoncé, elle est punie d'une amende de 5 à 10 francs ; quand cette maladresse se renouvelle plusieurs fois, la vendeuse est remerciée.

Et qui donc, venu dans un magasin pour y trouver des objets catalogués « à partir de tel prix » réussit à acheter ces objets au prix minimum qui l'avait tout d'abord attiré ? La substitution, à la livraison, d'une étoffe très inférieure de qualité à celle choisie sur échantillon est encore une pratique cultivée avec succès.

Ces supercheries, et tant d'autres ! dont la cliente est inconsciemment victime, sont la conséquence de ses exigences déraisonnables. Toute son éducation est à refaire. Il faut arriver à lui démontrer l'évidence de ce fait que, quel que soit le prix qu'elle paie, elle en a toujours pour son argent (exception faite, bien entendu, de quelques grandes couturières ou modistes auxquelles la vogue permet de demander des prix de fantaisie).

Lorsque l'acheteuse préférera l'article de bonne qualité et de fabrication soignée à l'article camelote, elle réalisera une véritable économie à son propre point de vue, et en même temps, elle rendra service aux ouvriers et aux ouvrières dont elle encouragera, en la rémunérant, l'habileté professionnelle.

Ce sera déjà un excellent résultat. Mais certaines femmes, que préoccupent leurs responsabilités sociales, veulent mieux encore. Elles ont appris qu'il existait des patrons tout à fait héroïques qui ne consentent pas à envisager leurs ouvrières comme de simples machines dont il faut exiger le maximum de rendement, et qui s'efforcent, au contraire, malgré les dures lois de la concurrence, d'assurer aux femmes qui travaillent pour eux, le bien-être matériel et la sécurité morale. Ceux-là font bravement les frais d'un coursier spécial pour les réassortiments, évitant ainsi à leurs apprenties le danger de relations fréquentes avec les vendeurs de maisons de gros qui sont, en général, tout spécialement aimables et entreprenants. Ceux-là aussi ont le courage de répondre à la cliente riche qui demande une robe en quarante-huit heures : « Non, Madame, je ne puis m'y engager, cela ferait veiller mes ouvrières trop tard. »

Aller à ces patrons, leur donner des commandes, leur faciliter l'accomplissement de la tâche qu'ils ont entreprise, leur faire sentir qu'ils sont connus, estimés, approuvés, et qu'ils seront soutenus par leur clientèle, telle a été la raison d'être, le point de départ d'une ligue fondée à Paris, en novembre 1902, sous le nom de « Ligue Sociale d'Acheteurs », entre membres de différentes religions, de milieux politiques et sociaux les plus divers, sans autre préoccupation commune que d'améliorer les conditions du travail. « Ce que nous vous proposons, disait le premier tract, ce n'est pas une œuvre, c'est une organisation. Nous ne vous disons pas : Achetez davantage, faites quelque chose de nouveau. Nous vous disons : Vous achetez, c'est un fait. Vous achetez tous les jours. Eh bien ! surveillez et organisez vos achats. »

Ceux qui consentent à s'enrôler dans cette ligue prennent quelques engagements très précis et très faciles à observer :

1° Ne jamais faire une commande sans demander si elle ne risque pas d'entraîner le travail de la veillée ou le travail du dimanche.

2° Toujours éviter de faire ses commandes au dernier moment, surtout aux époques de presse.

3° Refuser toute livraison après sept heures du soir ou le dimanche, afin de ne pas être indirectement responsables d'une prolongation des heures de travail pour les livreurs, employés ou employées, apprentis ou apprenties.

4° Payer ses notes régulièrement et sans retard.

En échange, et comme contre-partie de ces engagements, les membres de la ligue demandent à quelques fournisseurs leur promesse formelle :

1° De ne pas faire travailler normalement au-delà de sept heures du soir, et jamais au-delà de neuf heures du soir, même aux époques de presse.

2° De ne pas donner aux ouvrières de travail à terminer chez elles le soir (seconde veillée).

3° De ne pas faire travailler le dimanche.

Moyennant l'observance de ces conditions, la ligue d'acheteurs offre une réclame gratuite aux fournisseurs en les inscrivant sur une *Liste Blanche* qu'elle distribue à tous ses membres.

La première *Liste Blanche*, dressée en avril 1903, comprenait sept couturières et deux modistes. Depuis lors, elle s'est beaucoup allongée, renforçant le nombre de ses couturières et de ses modistes, y adjoignant des tailleurs et des corsetières, et aujourd'hui une trentaine de noms y figurent. Une *Liste Blanche* de pâtissiers, et une autre de blanchisseuses sont également à l'étude.

Mais les *Listes Blanches* ne constituent qu'une forme très limitée, et pour ainsi dire accessoire de l'action que doit exercer la ligue. Le but qu'elle poursuit avant tout est de provoquer un mouvement d'opinion, de faire réfléchir chacun sur la conséquence de ses actes ; c'est aussi de créer des relations cordiales et suivies entre fournisseurs et clients qu'anime un même esprit de devoir ; d'amener entre eux un échange d'idées, une émulation d'efforts profitable au sort des travailleurs ; c'est enfin de grouper tous les documents et enquêtes en un centre commun où chacun viendra puiser des renseignements qu'il lui serait impossible d'obtenir par ses seules investigations personnelles.

Une cotisation de 5 francs par an est demandée aux membres de la ligue. Cette modeste somme donne droit au bulletin trimestriel, à tous les tracts, *Listes Blanches* et autres publications de la ligue ; mais surtout elle fait bénéficier chaque membre de la force que tout être isolé acquiert en entrant dans une association. Bien rares sont ceux que n'a jamais frappés et révoltés un abus quelconque, commis sous leurs yeux au préjudice d'êtres faibles qu'ils auraient voulu secourir. Cette vendeuse qui est debout toute la journée dans l'atmosphère étouffante du magasin, n'obtiendra-t-elle pas la permission de s'asseoir dans les intervalles où les acheteurs la laisse inoccupée ? N'est-il pas inhumain de charger d'un si lourd fardeau le petit marmiton déjà anémié par la température trop élevée des cuisines ? Cent autres questions analogues se sont maintes fois présentées à nos esprits. Nous n'avons osé formuler la réponse, nous sentant trop impuissants, trop peu autorisés, trop incompétents aussi pour exposer notre vœu à un industriel important ou à une grande compagnie. C'est ici que la Ligue Sociale d'Acheteurs peut utilement intervenir avec toute l'autorité d'une puissance constituée. Elle reçoit les renseignements, les observations, les désirs, les réclamations que veulent bien lui adresser ses membres. Elle les réunit et les classe. Certains abus qu'on lui signale ont déjà été prévus par la loi et c'est en s'appuyant sur cette loi qu'elle peut en obtenir l'extinction : par exemple, sur la loi des sièges ou sur celle qui limite les heures de travail dans les ateliers. Là où le législateur n'est pas encore intervenu elle peut le stimuler, en attirant son attention et en lui présentant les conclusions de ses propres enquêtes.

La Ligue est encore bien jeune pour qu'on puisse préjuger de son avenir, mais si tous ceux qui ont conscience de leurs devoirs et aussi des difficultés de l'heure présente veulent bien lui apporter leur concours, elle nous paraît destinée à devenir un rouage utile dans notre monde moderne où, rappelant à tous ceux qui dépendent d'elle leurs propres devoirs et les droits d'autrui, elle adoucira l'âpreté de bien des conflits économiques.

Baronne Georges BRINCARD.

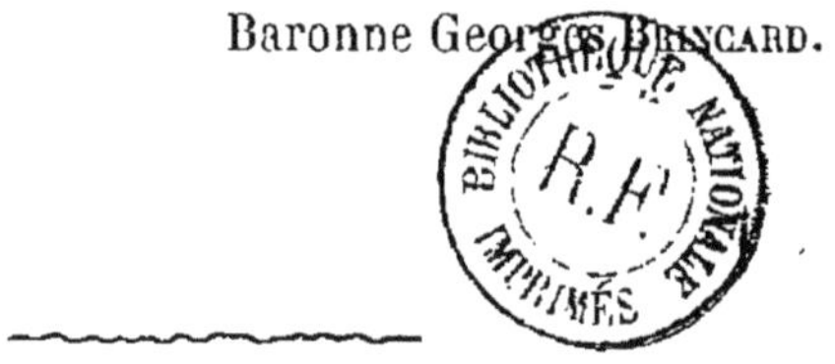

Imprimé par des ouvriers payés au tarif accepté par la Fédération des travailleurs du Livre pour la région.